So Colorful Flower

So Colorful Flower

—

2018년 10월 5일 1판 1쇄 인쇄
2018년 10월 10일 1판 1쇄 발행

—

지은이 최지영
펴낸이 이상훈
펴낸곳 책밥
주소 03986 서울시 마포구 동교로23길 116 3층
전화 번호 02-582-6707
팩스 번호 02-335-6702
홈페이지 www.bookisbab.co.kr
등록 2007. 1. 31. 제313-2007-126호

—

기획·진행 기획1팀 김난아
디자인 디자인허브 김지선
사진 이가은, 최지영

—

ISBN 979-11-86925-53-9 (13630)
정가 17,000원

저작권자나 발행인의 승인 없이 이 책의 일부 또는 전부를
무단 복사, 복제, 전재하는 것은 저작권법에 저촉됩니다.

책밥은 (주)오렌지페이퍼의 출판 브랜드입니다.

이 도서의 국립중앙도서관 출판예정도서목록(CIP)은 서지정보유통지원시스템 홈페이지
(http://seoji.nl.go.kr)와 국가자료공동목록시스템(http://www.nl.go.kr/kolisnet)에서
이용하실 수 있습니다. (CIP제어번호 : CIP2018031596)

So Colorful Flower

색으로 디자인하는 엘라의

꽃 클래스

엘라 르 플루 · 최지영 지음

책밥

PROLOGUE

봄이 여름을 믿고, 여름이 가을을 믿으며 주어진 계절의 역할을 다합니다. 나무가 태양을 믿듯 우리도 누군가를 믿으며 살아가고, 저마다의 믿음이 존재합니다. 꽃을 믿고, 나무를 믿고, 그렇게 자연을 믿고, 노력의 땀방울을 믿습니다.

이 책을 준비하며, 자연 앞에서 우리는 아무것도 할 수 없는 존재라는 진리를 새삼스레 실감하고 그저 바라고 기다리는 법을 배웠습니다. 꽃을 다룰 때, 가장 중요하게 생각하는 부분이 바로 색이기에 사진 촬영은 조명 없이 오로지 자연광에서만 진행했어요. 똑같은 꽃이라도 자연의 빛이 있을 때와 없을 때의 색 차이가 너무나도 크기 때문입니다. 그저 해의 방향에 따라 옮겨 다니며 어쩌다 구름 하나가 해를 가려도 마냥 묵묵히 기다려야만 했죠. 반사판조차도 사용하지 않고 오직 꽃에 햇빛이 투과하는 그 순간의 자연적 색감을 고스란히 살리려 했고, 그렇게 자연에 가까운 본연의 색을 책에 그대로 담아내는 일에 집중했습니다. 그 과정에서 얻은 수많은 감정과 결실이 너무도 크고 소중합니다.

책을 마무리하며 돌이켜 보니 고생하며 촬영했던 날들이 가장 먼저 떠오르네요. 일기예보에선 분명 '맑음'이었는데 막상 촬영 당일에는 비가 내려 망연자실했던 일, 날씨가 좋아도 해가 구름에 가려 한참을 기다리던 일, 어쩌다 운이 좋아 해와 바람, 모든 게 순조로운 날에는 쉼 없이 땀방울을 흘려야 했던 그 시간들이 주마등처럼 스쳐 지나가는 것입니다. 그래서인지 언제부턴가 날씨가 좋으면 아무런 이유 없이 고맙고 선물 받는 기분이 듭니다. 자연에 늘 감사한 마음을 가지게 된 것, 플로리스트로서 꽃을 다루며 생긴 가장 큰 변화인 것 같아요.

사실 스스로 부족함 많은 사람이라 생각합니다. 특별히 유명한 학원에서 꽃을 배우지도 않았고, 그저 꽃이 좋아 시작해 독학으로 꽃을 알아 가며 내가 원하는, 표현하고 싶은 것들을 손끝으로 이루어 낼 수 있도록 차근차근 다듬어 나갔어요. 좋아하는 일, 잘할 수 있는 일, 꽃에 관한 이야기를 펼칠 수 있어 감사한 마음입니다. 단순히 꽃을 꽂는 방법만을 알려 주는 책을 쓰고 싶지는 않았습니다. 꽃과 색, 이를 주제로 전하고 싶은 이야기들을 담았어요. 냉철하게 색을 분석하는 것이 아니라 그 색이 품고 있는 메시지와 그 색을 품은 꽃, 그리고 직접 경험한 것들을 나누고 싶었습니다. 그렇기에 이 책이 정답은 없어요. 각자 느끼게 될 그 무언가가 바로 정답입니다.

꽃 디자인에서 색은 가장 중요한 요소입니다. 꽃이 아니더라도 색은 우리의 일상 속에서 얼마나 큰 역할을 하는지요. 조화롭다, 하고 느끼게 되는 그 중심에 바로 색이 있습니다. 길가의 꽃과 나무, 매일 타오르는 저녁 노을, 화창한 날의 빛의 향연. 이 무한대의 아름다움 속에서 우리는 색을 느끼잖아요. 이렇듯 이 세상 최고의 화가는 자연입니다. 우리가 해야 할 일은 그저 자연이 주는 수많은 색조의 예시를 보고 익히는 것뿐이겠지요.

마지막으로, 이 세상에 존재하는 모든 아름다움이 사람을 홀리듯 온 마음을 담아 완성된 이 책이 누군가에게 닿아 그러한 존재가 될 수 있기를 바라는 마음입니다.

Ella Le Fleur 최지영

CONTENTS

프롤로그 PROLOGUE 006
꽃, 오래 유지하기 TO KEEP FLOWERS FRESH LONGER 013
꽃, 형태별 분류 THE FORM OF FLOWERS 015
꽃꽂이 도구 TOOLS OF FLOWER ARRANGEMENT 016
화기의 종류 FLOWER VASE 018

RED
Rosemelia
024

새빨간 장미, 로즈멜리아
A BRIGHT RED ROSE

ORANGE
Center Piece
044

주홍빛 다알리아와 거베라, 연노랑 장미 센터피스
ORANGE DAHLIA & GERBERA, PALE YELLOW ROSE

YELLOW
Flower Basket
064

노란 베고니아와 폼폰국화,
굴과 유주로 장식한 꽃바구니
YELLOW FLOWERS & TANGERINE, KUMQUAT

GREEN
Garland
088

연둣빛 수국과 헬레보루스,
하얀 아스틸베를 섞은 플라워 갈란드
GREEN HYDRANGEA, HELLEBORUS & WHITE ASTILBE

BLUE
Hand-tied Bouquet
106

청량한 푸른빛 델피니움과 수국 꽃다발
OCEAN BLUE DELPHINIUM AND
HYDRANGEA

PURPLE
Pomander (Flower Ball)
122

보랏빛 수국으로 만든 화동부케, 포맨더
PURPLISH HYDRANGEA
& AGERATUM

LAVENDER
Flower Hat
138

연보랏빛 소녀감성,
리시안셔스와 라벤더를 꽂은 플라워 햇
LISIANTHUS, SCABIOSA
AND LAVENDER

PINK
Hair Circlet
156

핑크 콜라보, 작약과 장미가 어우러진 화관
PINK PINK
PEONY & ROSE

VINTAGE BROWN
Center Piece
172

가을 색 담아, 갈잎과 글라디올러스 센터피스
FALLEN LEAVES, ROSE
& GLADIOLUS

WHITE
Flower Birdcage
190

수국과 디니장미, 아미초를 담은 순백의 새장 꽃꽂이
PURE WHITE HYDRANGEA
& ROSE

꽃, 오래 유지하기

TO KEEP FLOWERS
FRESH LONGER

아름다운 것은 늘 잠깐이다. 누구나 그 찰나를 조금이라도 더 간직하고 싶을 테고, 그것이 꽃인 경우라면 그 마음이 더욱 간절할 것이다. 사실 애초부터 신선한 꽃으로 준비하는 것이 가장 중요하다. 이것으로도 반은 성공이다. 특별한 비법 같은 건 없지만 꽃을 오랫동안 보고 싶다면 이것만은 지키자.

첫째, 매일 깨끗하고 온도가 낮은 물로 교체할 것
물은 가급적 매일매일 갈아 주는 것이 좋다.

둘째, 화기 세척은 꼼꼼히
사용 전과 후에는 물로만 헹굴 것이 아니라 화기 안쪽 바닥과 틈 사이사이를 세제 묻힌 브러시로 구석구석 닦아 낸다.

셋째, 물에 닿는 부분의 잎을 남김없이 제거할 것
물에 잠긴 잎에서 세균이 번식해 줄기와 잎이 금세 부패하며, 그때 발생하는 에틸렌 가스가 물을 오염해 악취가 나고 꽃이 빨리 상한다.

넷째, 줄기 끝부분을 사선으로 자를 것
꽃을 자를 때에는 전용 꽃가위를 사용하는 것이 좋으며, 줄기 끝부분은 단면이 3cm 정도 나오도록 사선으로 자른다. 물에 닿는 단면적이 넓을수록 줄기가 더 많은 물을 흡수해 신선함을 오래 유지할 수 있다.

꽃, 형태별 분류

THE FORM OF FLOWERS

매스 플라워 Mass Flower

둥그런 모양에 적당히 존재감 있는 크기의 꽃으로, 꽃 디자인에서 주로 메인이 된다. 대부분 줄기 하나에 꽃이 하나 달린 형태다.

ex) 장미, 라넌큘러스, 카네이션, 폼폰국화 등

라인 플라워 Line Flower

기다란 줄기 양쪽을 따라 작은 꽃들이 열을 지어 피어나는 형태로, 창의 모양처럼 끝부분으로 갈수록 뾰족한 편이다. 꽃 디자인에서 선의 형태나 구조적인 표현이 필요할 때 주로 사용하며, 길고 좁은 화병에 단독으로 한두 송이만 꽂아 두어도 극적인 효과를 줄 수 있다.

ex) 델피니움, 글라디올러스, 금어초, 모루셀라 등

필러 플라워 Filler Flower

줄기 하나에 여러 마디로 가지가 뻗어 있고, 짧은 가지마다 수많은 작은 꽃들이 달려 있는 스프레이 타입의 꽃이다. 가지를 조금씩 잘라 작품의 빈 공간을 채울 때 주로 사용하며, 꽃 디자인에 전체적으로 활기를 더하고 완성도를 높여 준다. 섬세한 표현을 강조하고 싶을 때에도 유용하다.

ex) 안개꽃, 공작초, 소국, 시네시스 등

폼 플라워 Foam Flower

꽃의 모양이 매우 독특하고 사이즈도 대체로 큰 편이라 작품의 디자인과 분위기를 결정하는 데 결정적인 역할을 한다. 존재감이 상당해 그 자체로도 포인트가 된다.

ex) 해바라기, 호접란, 안스리움, 아마릴리스 등

그린 플라워 Green Flower

꽃이 아닌 나뭇잎 소재를 의미한다. 작품에서 길이, 깊이, 너비 등 전체적인 골격을 잡아 주는 역할을 담당하며 균형감은 물론 자연스러운 연출을 위해 꼭 필요한 요소다. 계절에 따라 시장에서 만날 수 있는 것이 달라지지만 레몬잎, 루스커스 등은 사계절 내내 사용할 수 있다. 꽃꽂이에서는 흔히 '그린 소재'라고 부르며, 꽃이 더욱 돋보이도록 받쳐 주는 동시에 좀 더 풍성한 디자인을 완성해 낸다.

ex) 레몬잎, 루스커스, 루모라고사리, 유칼립투스 등

꽃꽂이 도구

TOOLS OF FLOWER ARRANGEMENT

꽃가위
꽃이나 얇은 줄기를 다듬고 자르는 데 사용한다.

전지가위
두꺼운 나뭇가지나 단단한 줄기를 자르는 데 사용한다.

플로랄폼
꽃꽂이용 스펀지로, 오아시스라는 이름으로 더욱 유명하다. 물에 담그면 천천히 물을 흡수하며, 속까지 충분히 물을 흡수한 플로랄폼을 바구니나 화기 안에 넣어 사용한다. 물을 흡수하고 오랫동안 머금고 있는 특성 덕분에 절화(切花, cut flower)에 수분을 공급하는 데 도움을 주며, 꽃을 꽂아 고정하기에도 좋다. 꽃꽂이에서 대부분 사용되는 필수 도구다.

플로랄테이프
꽃과 나뭇잎을 엮어 한데 묶을 때 필요하다. 코르사주나 화관 등을 만들 때 와이어와 꽃을 잇고 와이어 부분을 감싸 가리는 용도로도 사용한다.

치킨와이어
불투명한 화기 안에 넣어 꽃을 고정하는 틀의 역할로 사용한다.

마끈·라피아끈
꽃을 묶어 고정할 때 사용한다. 시각적으로 자연스러운 느낌을 연출하고 싶을 때 주로 사용한다.

침봉
플로랄폼을 사용하지 않는 꽃 디자인에서는 침봉으로 꽃을 고정한다. 단단한 줄기를 특정 각도로 유지시킬 때 매우 유용하다. 보통 동양 꽃꽂이에서 침봉을 많이 사용한다.

와이어
꽃의 줄기를 보강하거나 다른 재료들을 엮는 데 사용한다. 와이어의 굵기에 따라 숫자가 다른데, 숫자가 작을수록 두꺼워진다. 숫자는 모두 짝수로 18번, 20번, 22번, 24번, 26번 와이어가 있으며 26번 와이어가 가장 얇다. 18번 와이어는 무게감 있고 단단한 것을 고정할 때 주로 사용한다.

화 기 의 종 류

FLOWER VASE

도자기 Ceramics

진흙으로 빚어 고온에서 구워 만든 소재를 총칭한다. 광택이 있는 도자기는 매끄러운 질감으로 세련되고 도시적인 느낌을 주며, 견고하고 깔끔한 분위기를 연출할 수 있다. 반면 광택이 없는 도자기는 따뜻하면서 묵직한 느낌을 주며, 차분하고 편안한 분위기로 자연스러운 멋을 강조하고 싶을 때 활용하면 좋다.

금속 Vintage metal

금속 재질은 광택이 뛰어나고 변형이 쉬워 인테리어 제품에도 많이 사용된다. 녹을 방지하기 위해 제품 표면에 코팅을 하기도 하는데, 습기나 약한 충격에도 쉽게 벗겨지는 특성이 오히려 빈티지한 느낌을 표현해 준다. 묵직한 중량감으로 안정적이고 중성적인 느낌이 들며, 채도에 따라 분위기가 달라진다. 시간이 지날수록 금속 재질 고유의 멋이 빛을 발하므로 오랫동안 두고 활용하는 것이 좋으며, 특히 고풍스러운 앤티크 인테리어의 공간에 잘 어울린다. 고전적인 아름다움을 연출하고 싶을 때 사용해 보자.
한편 표면이 매끈한 금속 화기는 차가운 느낌이 들지만 나무와 잘 어울리며, 화려하고 감각적인 인테리어와 제대로 매치했을 때 세련된 분위기로 연출할 수 있다.

유리 Glass

유리는 종류가 다양하지만 대부분 투명하고 단단하며 표면이 매끄럽다. 맑고 싱그러운 느낌 때문에 웨딩 장식이나 파티 행사에서도 많이 사용하는 편이다. 심플하게 꽃이 돋보이도록 연출하고 싶다면 표면에 무늬가 없는 것이 좋다. 반면 화기 속 꽃의 줄기가 보이는 것이 싫다면 표면에 무늬가 있거나 색이 들어간 유리 화기를 사용하자. 전혀 다른 분위기로 표현할 수 있다.

도자기류 화기

금속 화기

유리 학기

Flower design by 10 color

LA FLEUR

● RED

새 빨 간 장 미 , 로 즈 멜 리 아　　A BRIGHT RED ROSE

FLOWERS
수입 장미 5송이

TOOLS
26번 와이어, 플로랄테이프, 꽃가위

TIP
국산 장미보다는 네덜란드나 콜롬비아, 에티오피아
등에서 수입한 장미를 선택하는 것이 좋다.
수입 장미는 국산 장미보다 꽃잎이 넓고 벌어진
형태이므로 로즈멜리아를 디자인하기에
적합하기 때문이다.
다만 가격이 상대적으로 높은 편.
만약 가격 때문에 국산 장미를 사용해야 한다면
가급적 꽃잎이 넓고, 꽃받침 쪽의 꽃잎 끝부분이
오목하지 않고 평평한 형태인 것으로 선택하자.
원하는 로즈멜리아의 크기에 따라 필요한 꽃잎의
개수가 달라지고, 또 형태나 크기에 따라 사용할 수 없는
꽃잎도 있기 때문에 꽃은 여유 있게 준비하는 것이 좋다.

LA FLEUR

● RED

1. 로즈멜리아는 장미 몇 송이의 꽃잎을 하나하나 떼어 낸 후 한 장씩 다시 여러 겹으로 붙여서 만든 커다란 꽃을 말한다. 주로 부케나 헤어 장식품으로 사용한다. 로즈멜리아를 만들기 위해 장미 꽃잎을 하나씩 떼어 낸다.

2.   26번 와이어를 반으로 구부려 폭이 좁은 U 자 형태로 만든다.

tip 꽃꽂이용 와이어는 번호 수가 커질수록 두께가 얇아진다. 장미는 꽃잎이 매우 약하므로 가장 얇은 26번 와이어를 사용한다.

● RED

3. 크기가 비슷한 꽃잎을 3장 정도 골라 겹친다.
4. 겹친 꽃잎의 정중앙에 U자로 구부린 와이어를 관통시킨다.
5. 꽃잎 아래쪽의 벌어진 와이어를 가지런히 모아 플로랄테이프로 감는다. 와이어 한쪽을 다른 한쪽에 몇 번 감아 고정한 후 와이어와 꽃잎이 만나는 지점부터 플로랄테이프로 감싸면 된다.

    tip 2~5번 과정처럼 와이어를 헤어핀 모양, 즉 U자로 구부린 후 꽃이나 잎에 꽂아 보강하는 기법을 '헤어핀 법'이라고 한다.

6. 같은 방법으로 계속해서 꽃잎을 와이어로 묶어 준다. 로즈멜리아의 크기를 크게 만들고 싶다면 와이어 꽃잎이 많을수록 좋다. 또한, 컬러가 조금 다른 꽃잎을 사용하면 좀 더 특별한 꽃이 완성된다. 이 작품에서는 주황색 꽃잎을 사용했다. 주황색 꽃잎들도 몇 장씩 겹쳐 와이어로 묶는다.

LA FLEUR

● RED

7. 꽃잎을 모두 떼어 내고 남은 줄기 하나에 와이어 꽃잎을 붙인다. 수술을 중심으로 다시 하나의 꽃 모양을 이루도록 형태를 잡으며 와이어 꽃잎을 하나씩 붙여 나간다.

7-1. 계속해서 한 방향으로 와이어 꽃잎을 붙여 나간다. 와이어 꽃잎들이 하나씩 모여 사방으로 균형 있는 꽃의 모양을 이루도록 위치를 잡아야 한다.

7-2. 중간중간 주황색 와이어 꽃잎을 섞으면 단조롭지 않은 작품을 만들 수 있다. 메인 컬러인 빨간색 꽃잎을 중점적으로 붙이면서 중간중간 일정한 간격을 두고 주황색 꽃잎을 추가한다. 작품에 포인트를 주되 전체적으로 조화롭도록 색을 섞는 것이다.

8. 꽃의 모양을 원하는 대로 완성했다면 플로랄테이프를 사용해 와이어 부분을 전체적으로 감아 준다.

9. 이번에는 줄기에 달려 있던 잎에 와이어를 부착한다. 마찬가지로 U 자로 구부린 와이어를 잎 뒷면의 2/3 지점에서 관통하고, 아래쪽의 벌어진 와이어는 잎자루와 함께 가지런히 모아 플로랄테이프로 감싼다.

9-1. 잎자루에 잎이 여러 개 달린 경우, 잎과 잎 사이의 갈라지는 부분에 한쪽 와이어를 감아 잎자루와 와이어를 모은 후 플로랄테이프로 감싼다.

● RED

10. 완성한 와이어 잎을 꽃에 붙여 완성도를 높인다. 꽃의 바깥쪽으로 초록색 잎이 반 정도 보이도록 붙이면 더욱 자연스럽다.

11. 로즈멜리아 완성.

아마릴리스, 꽃사과, 하이페리쿰

Red: 긍정 메시지

자신 있게,
수많은 의도를 전달하다

감사와 풍요, 부와 열정, 그리고 사랑. 빨간색은 얼마나 많은 긍정 의미를 담고 있는 걸까. 빨강 하면 막연히 떠오르는 이미지를 나열해 보자. 어버이날의 붉은 카네이션, 크리스마스, 프러포즈. 설레는 날에는 빨간색 꽃이 늘 함께하는 듯하다. 선명하고 강한 이미지를 담고 있는 빨강은 이처럼 우리의 수많은 의도를 확실히 전달해 준다. 자신감의 표현이 되기도 하며, 누군가의 시선을 끌기에 가장 좋은 색이기도 하다. 그러나 빨간색 꽃 위주의 작품은 자칫 매우 강렬하지만 단조로운 느낌을 줄 수 있다. 이때 붉게 무르익은 열매를 함께 조합한다면 너무 강한 인상을 부드럽게 누그러뜨릴 수 있다. 또한 심심해 보일 수 있는 작품에 생기를 불어넣어 준다. 열매 역시 결실을 상징하므로, 빨간 꽃이 전하는 긍정 메시지와도 어긋남 없이 들어맞는다. 그렇기에 빨강은 언제까지나, 누구에게나 사랑받는 색일 것이다.

이 작품에서도 새빨간 꽃과 잘 익은 열매가 조화를 이루고 있다. 꽃송이가 크고 생김새가 뚜렷한 아마릴리스는 단 몇 송이만으로도 시선을 압도할 만큼 매력적이다. 그리고 그 옆에서 앙증맞은 크기의 열매가 작품에 생기를 더하고 있다.

가지 종류는 꽃꽂이에서 구조를 잡고 균형감을 주기 위해 사용하며, 우아한 분위기를 연출해 낸다. 이른 봄에는 유난히 꽃피는 가지 종류, 관목이 많다. 개나리 진달래, 철쭉, 조팝나무, 설유화, 해당화 등 다양하다. 플로리스트에게 가장 행복한 시즌이기도 하다. 봄이 지나 더워지면 꽃이 지고 난 자리에 초록의 잎사귀가 무성해지고, 꽃꽂이에서 시원한 느낌으로 활용하기 좋은 절지류를 많이 만날 수 있다. 그리고 가을이 오면 감나무와 밤나무, 그 외에도 열매 달린 가지가 많아진다.

이 작품에서 빨간 아마릴리스와 조화롭게 어우러진 가지는 여름날 야생에서 자란 꽃사과다. 한 송이만으로도 그 존재감이 독보적인 아마릴리스와 작고 오밀조밀한 형태의 꽃사과. 이 두 가지 소재로 우아하면서도 강렬한 작품이 탄생했다. 만약 아마릴리스만으로 작품을 디자인했다면, 꽃의 배열에서 리듬감을 매우 잘 표현해 내지 않는 이상 답답하고 부담스럽게 보일 수 있다. 바로 이럴 때 작품의 중심을 이루는 큰 꽃 주변으로 아주 작은 꽃이나 열매 종류를 넣어 시선의 확장을 유도하는 것이다.

LA FLEUR

● RED

주홍빛 다알리아와
거베라,
연노랑 장미 센터피스

ORANGE DAHLIA & GERBERA, PALE YELLOW ROSE

FLOWERS
수입 장미 5~7송이
다알리아 4~5송이
미니거베라 4~5송이
아미초 2~3송이
광나무 가지 2~3개

TOOLS
화병, 치킨와이어, 꽃가위

TIP
'여정목'이라고도 부르는 광나무는
7월 말쯤 꽃이 지고 난 자리에 초록빛 열매를 맺는다.
이 열매는 10월이 되면 까맣게 익으니 참고하자.

● ORANGE

1. 화병에 물을 반쯤 채운다. 화병 안에 물이 없다면 꽃이 금세 시들 수 있으므로 꽃을 생생하게 유지하려면 물을 반드시 채우고 시작해야 한다.
2. 치킨와이어를 적당한 크기로 잘라 화병 안쪽에 넣는다.

3. 작품의 골격이 되어 줄 광나무를 적당한 크기로 자른다.

3-1. 화병 앞쪽 좌우에 먼저 꽂는다. 이때 광나무의 길이와 크기가 서로 다른 것이 좋다.

3-2. 뒤쪽으로는 가장 길게 자른 광나무를 한쪽에만 사선으로 꽂는다. 자연스러운 작품을 위해서는 각각의 길이를 전부 다르게 하는 것이 좋다. 센터피스를 만들 때는 보통 가장 긴 것을 작품 뒤쪽에 배치한다.

● ORANGE

4. 다알리아로 면을 채우기 시작한다. 마찬가지로 앞쪽 좌우에, 광나무 옆으로 하나씩 꽂은 후 오른쪽으로 좀 더 치우치도록 몇 송이를 추가한다. 이렇듯 종류가 같은 꽃을 한 곳에 모아 꽂는 방식을 그루핑(Grouping)이라 하는데, 해당 소재를 시각적으로 강조하는 효과가 있다.

5. 수입 장미는 한국 장미에 비해 꽃잎이 넓고 큰 편인데, 이렇게 꽃잎이 넓은 장미는 꽃잎을 활짝 벌려 주면 훨씬 더 아름답다.

5-1. 작품의 중앙을 중심으로 이번에는 왼쪽으로 좀 더 치우치도록 그루핑 하여 장미를 꽂아 나간다. 그루핑을 할 때는 꽃들이 서로 겹치거나 일부 가려지더라도 크게 신경 쓰지 말 것. 꽃꽂이에서 모든 꽃이 정면으로 잘 보인다면 그것이 오히려 부자연스러운 것이다.

6. 이번에는 앞서 사용한 다알리아, 장미와는 조금 다른 형태의 꽃으로 작품에 포인트를 주자. 형태가 조금씩 다른 소재를 사용해야 지루한 느낌이 들지 않는다. 거베라는 평면적인 형태의 꽃이지만 꽃잎과 수술의 색감 대비가 뚜렷해 몇 송이만으로 충분히 포인트가 된다.

6-1. 자칫하면 거베라에게 시선이 집중될 수 있으므로 포인트를 줄 위치를 신중히 선정해야 한다. 한 발짝 물러서 작품을 전체적으로 관찰해 보자. 비어 보이는 공간에 꽂는 것도 좋은 방법이다.

7. 마지막으로 자연스러운 느낌을 연출하기 위해 큰 덩어리의 꽃들 사이로 유연한 곡선 형태의 아미초를 꽂는다. 아미초는 줄기가 매우 가늘고 그 끝에 하얗고 작은 꽃이 여러 갈래로 나뉘어 매달려 있어 부드러우면서 여린 느낌을 준다. 줄기가 얇은 만큼 약하기 때문에 중심을 잡기 위해 큰 꽃들 사이에 넣는다. 따라서 아미초와 같은 소재는 마지막에 꽂는 것이 좋다. 또한 이렇게 유연한 곡선의 소재는 작품에서 가장 길게 꽂으며, 위나 옆을 바라보도록 꽂아 진취적인 느낌으로 표현해도 좋다.

소피아장미, 블러싱 브라이드, 백일홍, 집소필리아(프리저브드)

Orange: 두 계절의

봄가을을 껴안은 기분 좋은 선명함

오랜 시간 플라워샵을 운영하며 수많은 손님들을 접하면 새삼 흥미로운 사실을 깨닫곤 한다. 주황색에 대한 반응도 그중 하나다. 손님에게 핑크나 자줏빛 컬러를 제안하면 대부분 확신에 찬 눈빛으로 긍정적인 반응을 보이지만, 이상하게도 주황색에는 약간의 경계심을 나타내는 것이다. 그러나 이는 제대로 된 주황색 꽃 작품을 접해 보지 못한 탓이다. 여성이 핑크를 선호할 것이란 생각은 학습된 편견이다. 처음엔 아리송할지 몰라도 주황색은 결과물에 대한 만족도가 핑크 계열보다 훨씬 높다. 산뜻하고 따뜻한 느낌도, 혹은 중성적 느낌의 꽃 디자인이 필요할 때 딱 안성맞춤이다.

주황색은 언제나 기분 좋은 자극을 준다 봄의 이미지와 가을의 이미지를 동시에 가지고 있기도 하다. 연주황빛 라넌큘러스나 선명한 나리꽃은 누가 보아도 경쾌한 봄의 느낌이지만, 차분하고 깊은 색조를 띠는 달리아와 코스모스는 가을의 주황색이다. 주황은 노랑보다 더 따뜻하고 또렷하지만, 두 컬러 모두 선명하고 밝은 느낌을 주는 색이므로 함께 조화를 이루면 극적인 효과를 볼 수 있다.

한편 작고 오밀조밀한 형태의 흰색 꽃을 함께 사용하면 몽환적이면서도 세심하게 아름다운 작품이 완성된다. 이 작품에서도 주황색 꽃들 한편에 모여 있는 집소필리아가 작지만 확실한 효과를 주고 있는 모습이다.

장미는 크게 스탠더드와 스프레이 타입으로 구분할 수 있는데, 여기서도 사용한 스프레이 장미는 줄기 하나에 꽃이 여러 송이 달려 있어 활용도가 높다. 이제 막 피어나려는 꽃봉오리부터 적당히 꽃을 피운 것, 간개한 것까지 보통 3~5송이 정도가 도여 있으므로 원하는 형태를 골라서 사용하거나 덩굴장미처럼 자연스럽게 표현할 수도 있다. 여름철 담벼락을 수놓듯 흐드러지게 피어난 덩굴장미를 유심히 관찰해 본다면, 화기 안에 장미를 어떻게 꽂는 것이 좋을지 감이 잡힐 것이다. 장미를 배열할 때는 'in'과 'out'의 조화를 명심하자. 안쪽으로 깊숙이 꽂아 다른 꽃들로 가려지는 장미가 있더라도 안타까워할 필요 없다는 것이다. 모든 꽃이 예쁘게 잘 보였으면 하는 마음에 초보자들이 주로 어려워하는 부분인데, 작품에는 명과 암이 모두 필요하다. 자연의 아름다움을 조금만 관찰해 보면 절로 이해될 것이다.

노 란 베 고 니 아 와
폼 폰 국 화 ,
귤 과 유 주 로 장 식 한
꽃 바 구 니

YELLOW FLOWERS & TANGERINE, KUMQUAT

FLOWERS

베고니아(화분) 3~5개
폼폰국화 1단
구절초 1단
귤 3~5개
유주나무 5대

TOOLS

바구니, 플로랄폼, 투명 필름지,
플로랄폼 나이프, 나뭇가지, 꽃가위

TIP

베고니아는 꽃시장에서 절화로 쉽게 볼 수 없는
꽃이므로 꽃집이나 농원 등에서 화분으로 구매해야 한다.
절화로는 구할 수 없는 꽃들을 분화로는 다양하게
찾을 수 있으니 참고할 것.

● YELLOW

1. 바구니를 준비한다. 바구니가 깊을 경우, 필름지를 잘라서 구겨 넣으면 무게를 늘리지 않으면서도 원하는 만큼 높이를 채울 수 있다.

2. 바구니 사이즈에 맞추어 플로랄폼을 준비한다. 물에 적신 플로랄폼을 비닐로 감싼 후 바구니 안쪽에 넣는다. 이때 바구니 안쪽에 여유 공간이 많지 않도록 플로랄폼의 사이즈를 잘 재단하자. 이동 시 흔들림을 막을 수 있고, 작품의 완성도 또한 높아진다.

3. 바구니 바깥으로 튀어나온 필름지는 꽃을 꽂는 데 방해되므로 깔끔하게 잘라 정리한다.

4. 플로랄폼 윗부분의 네 면은 전용 나이프를 이용해 사선으로 깎는다.

5. 가장 먼저 유주 나뭇가지부터 플로랄폼 가장자리를 따라 꽂는다. 열매 종류는 수직으로 세우는 것보다 아래로 처지는 모양이 자연스러우므로 사선으로 꽂아 준다. 나뭇가지를 바구니 바깥으로 늘어뜨리는 듯한 느낌이다.

LA FLEUR

● YELLOW

6. 이번에는 분화로 준비한 베고니아를 최대한 길게, 흙 가까운 곳에서 줄기를 자른다.

7. 유주 주변의 빈 공간에 골고루 베고니아를 꽂는다. 유주의 길이보다 조금 더 길거나 비슷하게 꽂는 것이 좋으며, 유주와 달리 꽃의 시선은 위를 향하도록 꽂아야 한다. 이때 손잡이 근처에는 꽃을 조금 낮게 꽂아 손으로 바구니를 들 때 거슬리는 부분이 없도록 공간을 남겨 둔다.

8. 다음으로 폼폼국화를 베고니아와 유주 사이사이의 빈 공간에 골고루 꽂는다. 동글동글 귀여운 생김새가 유주와 형태적으로 연결되어 작품에 통일감을 준다.

YELLOW

9. 앞서 사용한 꽃들과 형태가 전혀 다른 꽃을 추가해 작품에 포인트를 주고 완성도를 높일 차례다. 작품의 빈 공간을 산뜻한 느낌의 구절초로 채워 나간다.

LA FLEUR

● YELLOW

10. 꽃꽂이에서 가장 중요한 요소가 컬러와 리듬감이다. 유주만 넣을 경우 형태와 크기가 비슷해 심심해 보일 수 있으므로 유주와 비슷한 느낌이지만 크기가 다른 열매로 좀 더 리듬감 있게 장식하는 것이 좋다. 이 작품에서는 귤이 바로 그 역할. 굵고 단단한 직선의 나뭇가지에 귤을 꽂아 바구니의 빈 공간을 장식한다. 꽃들에 비해 무게가 있고 사이즈도 큰 편이므로 상대적으로 길이가 짧도록 안쪽으로 깊숙이 넣는 것이 안정적이다.

해바라기, 루드베키아, 헬레니움, 온시디움, 꽃고추, 아스그레피어스

Yellow: 시선을 사로잡는

공간에 활력을 불어넣고 싶다면
노란색 꽃 몇 송이로 충분하다

자연적인 모든 현상에는 그만한 이유가 있다. 붉거나 노란빛을 띤 꽃이 유난히 많은 것도 따지고 보면 필연적이다. 식물은 피어난 그 자리에서 스스로 이동할 수 없으므로 번식을 위해서는 곤충의 도움이 필요하다. 그러기 위해서는 일단 곤충의 눈에 띄어야 하는데, 곤충은 대부분 검거나 푸른 계열의 색을 잘 인지하지 못하기 때문에 그러한 색을 띤 꽃은 드물다. 대신 곤충도 쉽게 인지하는 붉고 노란 계열의 꽃이 많은 것이다.

노란색은 사람에게도 매우 강한 시각적 자극을 준다. 어떤 공간에 활력을 불어넣고 싶다면, 방법은 간단하다. 그저 노란색 꽃 몇 송이만 가져다 두면 되니까. 다른 색 꽃을 두는 것보다 효과가 훨씬 클 것이다.

대표적인 노란색 꽃으로 해바라기를 빼놓을 수 없다. 해바라기와 닮은 루드베키아, 헬레니움 등도 여름날 길가에서 흔히 만날 수 있다. 이 꽃들의 공통점은 하염없이 내리쬐는 뜨거운 뙤약볕 아래서도 꿋꿋이 버티며 아름답게 피어난다는 것. 햇볕 아래 노란 꽃은 아름다운 동시에 강인하다. 에너지가 필요한 당신에게 노란색 꽃을 권하고 싶다.

꽃이 준비되었다면 이제 화기를 고를 차례. 화기의 형태와 질감, 색은 꽃꽂이의 분위기를 결정하는 데 큰 역할을 담당한다. 작품의 절반 이상을 화기가 차지하고 있으니 당연한 일이다. 그래서, 사실 효율적인 측면에서는 꽃보다 화기를 먼저 고르라고 추천하고 싶다(이 순서가 맞다고 강요하는 것은 아니니 오해하지 말자). 계절과 환경, 시기에 따라 꽃시장에서 만날 수 있는 꽃은 매번 다르다. 반면 화기는 꽃에 비해 종류가 훨씬 적고, 특히나 우리나라 시장에서 접할 수 있는 화기는 제한적이므로 화기부터 선택한 후 그와 어울리도록 꽃을 디자인하는 편이 효율적일 수 있다.

한편 서로 잘 어울리는 꽃과 화기를 고르려면, 그러니까 꽃과 화기의 조화가 좀 더 중요한 경우에는 먼저 꽃을 관찰해야 한다. 해바라기를 자세히 들여다보면 노란색 말고도 눈에 띄는 색을 발견할 수 있다. 바로 짙은 갈색이다. 그렇기에 해바라기는 갈색 화기와 조화롭게 어울리는 것이다. 꽃꽂이에서 메인이 될 꽃과 화기의 색에 연결감을 주는 이 방식은 배색에 자신이 없는 꽃꽂이 초보자라도 어렵지 않게 시도해 볼 수 있다.

LA FLEUR

• YELLOW

086...087

연둣빛 수국과 헬레보루스,
하얀 아스틸베를 섞은
플라워 갈란드

GREEN HYDRANGEA,
HELLEBORUS
& WHITE ASTILBE

FLOWERS
그린수국 3대
아나벨리(미국수국) 5대
열매수국 1단
아스틸베 1단
아스그레피어스 1단
헬레보루스 1단
유니폴라 10대

TOOLS
갈란드 망 오아시스, 꽃가위

TIP
수국은 탈수 현상이 빠르게 나타나는 꽃으로,
꽃잎이 단단한 것을 골라야 그나마 수명이 길다.

● GREEN

1. 갈란드 망 오아시스를 준비한다. 그물망 대신 플라스틱으로 감싼 형태도 있는데, 자연스러운 느낌을 강조하는 이 작품에서는 그물망으로 연결되어 있는 것을 선택하는 것이 좋다.

   <u>tip</u> 플라스틱으로 감싼 것은 플로랄폼 사이의 간격이 좀 더 촘촘하므로 짧은 곡선 형태로 작업하는 경우에 사용하면 효율적이다. 만약 갈란드 망 오아시스의 간격을 줄이고 싶다면 플로랄폼 사이를 밀착한 후 와이어로 고정하여 사용하자.

2. 플로랄폼 전체에 열매수국을 골고루 꽂아 윤곽을 잡는다. 작품을 테이블 위에 올려놓았을 때, 앉은 사람의 시선에 방해되지 않도록 전체적으로 낮게 늘어지는 형태로 디자인할 것이므로 비스듬히 꽂아야 하며, 열매수국의 길이는 갈라드 망 오아시스 1개의 길이와 비슷한 것이 적당하다.

3. 다음으로 아나벨리는 둥그런 꽃송이가 각 오아시스 사이 연결부의 빈 공간을 채우도록 해당 위치를 위주로 꽂는다. 오아시스 사이사이의 비어 있는 면적을 채우기 위해서는 작은 꽃보다는 큰 꽃을 선택하는 것이 효율적이다.

4. 이번에는 꽃송이를 조금씩 나누어 꽂아 보자. 그린수국은 아나벨리보다 꽃잎이 넓은 편이라 통째로 사용하도 좋지만 꽃송이를 조금씩 잘라서 활용할 수 있다. 꽃송이 크기에 변화를 주어 입체감을 나타낼 수 있는 방법이다.

● GREEN

5. 지금까지 작품의 전체적인 면을 채웠다면 이제는 앞서 사용한 꽃들과 조금 다른 형태의 소재를 꽂아 리듬감을 나타내 보자. 아스틸베는 수국의 둥그런 형태와는 달리 줄기 양쪽에 길게 열을 지어 꽃이 매달려 있으며 위쪽으로 좁아지는 형태로, 리듬감을 주기 좋은 소재다. 이때 주의할 점은 아스틸베를 수국의 길이보다 길게 잘라 꽂아야 리듬감이 확실히 드러난다는 것이다. 만약 수국보다 길이가 짧거나 비슷하다면 수국에 묻혀 눈에 띄지 않기 때문이다. 또한 아스틸베 끝부분의 방향이 동일하지 않도록 사방으로 다양하게 꽂아야 한다.

6. 다음으로, 동글동글한 형태의 아스그레피어스는 열매수국과 하얀 아스틸베를 미묘하게 연결해 준다. 따라서 열매수국과 아스틸베 사이사이에 꽂으면 작품의 완성도를 높일 수 있다.

7. 음표 모양과도 비슷한 헬레보루스는 작품을 한층 더 리드미컬하게 표현해 줄 비장의 카드다. 앞서 꽂은 아스틸베의 길이와 비슷하거나 조금 더 길게 잘라 꽂는다. 아스틸베와 마찬가지로 포인트 효과를 주는 꽃으로, 자칫 서로 충돌하거나 중복되어 보일 수 있으니 아스틸베의 바로 옆은 피하고 꽂는 방향이나 배열 역시 달리하는 것이 좋다.

8. 마지막으로 앞서 꽂은 소재들보다 훨씬 길게 유니폴라를 꽂는다. 우연한 곡선 형태의 유니폴라는 가냘픈 모습과는 달리 작품을 더욱 자연스럽고 생기 있게 완성해 준다.

   tip 유니폴라는 비슷한 느낌의 페니큠, 귀리 등으로 대체할 수 있다.

레이스플라워, 설유화, 페니쿰, 유니폴라, 질경이

Green: 꽃을 능가하는

어쩌면,
Colourful 〈 Green

식물이 녹색인 이유는 배고픔을 해결하기 위해서라고 한다. 빛에서 에너지를 흡수하는 엽록소가 바로 녹색 색소로, 그렇기에 초록은 가장 본능적이면서 자연적인 태초의 색이다. 우리가 초록을 보면 마음이 편안해지는 것도 이 때문이다.
꽃꽂이에서 초록은 보통 '바탕'의 역할을 담당하지만, 초록 잎사귀들은 종종 화려한 꽃의 아름다움을 능가한다. 다만, 초록 소재만으로 조합할 때는 자칫 그저 무성하게 자란 잡초 같은 느낌을 줄 수 있기에 특히나 다양한 형태와 질감에 중심을 두고 디자인해야 한다.
'자연스럽게.' 꽃을 다루며 가장 많이 하는 말이다. 최대한 자연스럽게. 하지만 과연 어떻게 해야 자연스러움을 디자인할 수 있을까. 물론 정답은 없다. 사실 자연스러움에 정답이 있다는 생각 자체가 어불성설 아닌가. 다만 자연 그대로에서 보고 느끼고, 보고 느낀 대로 표현해 보는 것이다. 거창할 것 없다. 그저 집 근처 공원을 산책하거나 출퇴근길 차창 밖으로 계절마다 변하는 나무의 모습을 세심히 눈에 담는 것, 이것이 꽃꽂이의 시작이다.

이 작품에서는 납작하고 평면적인 형태의 유니폴라와 마치 분수처럼 사방으로 터지는 페니쿰의 입체적 형태가 대조를 이루고 있다. 또한 작고 촘촘하게 피어난 아미초는 우산처럼 넓게 형태를 이루면서도 정교한 질감을 보이는 반면 한쪽에 자리한 질경이는 명확한 선의 형태로 단순하면서도 강인한 느낌을 주고 있다. 이렇게 서로 다른 형태와 질감이 모여 다채롭고 개성 있는 디자인이 완성되었다. 서로 다르지만 오히려 조화롭게 어우러지는 것이다.
초록색 꽃과 잎사귀는 화기 선택에 자유롭다. 어떠한 화기와도 잘 어울리기 때문이다. 다만 초록이 주는 신선한 자극을 극대화하기 위해서는 어두운 톤보다는 밝은 톤으로 선택하는 것이 좋다. 또한 투명한 유리 베이스, 혹은 토분과도 매우 잘 어울리니 참고하자.
이 작품에서처럼 오래된 주전자가 때론 근사한 꽃병이 되기도 한다. 주전자뿐 아니라 물을 담을 공간만 있다면 어떤 것도 화기가 될 수 있다. 모든 분야에서 그렇겠지만, 디자인을 할 때는 더더욱 편견과 선입견에서 벗어날 것!

LA FLEUR

● GREEN

LAFLEUR
BLUE

Hand-tied Bouquet

청량한 푸른빛
델피니움과 수국
꽃다발

OCEAN BLUE DELPHINIUM AND HYDRANGEA

FLOWERS
델피니움 1단
수국 2~3대
니겔라 1단
네프로네피스 1단
페니쿰 3~5대
영춘화 3~5대

TOOLS
마끈, 꽃가위

TIP
델피니움은 하늘색과 진한 파란색을 반씩 섞어 준비한다.
색의 차이로 그러데이션 효과를 줄 수 있으며,
작품의 색채가 한층 풍부해진다.

1. 대표적인 라인플라워 델피니움으로 시작해 보자. 스파이럴 기법, 즉 꽃의 줄기를 사선으로 잡고 한 방향을 유지해 나선형으로 추가해 나가는 방식으로 꽃다발을 만든다. 파란색 델피니움 한 송이를 잡고 연하늘색 델피니움을 사선으로 추가한다. 꽃을 추가할 때는 한 방향으로 작품을 돌려 가며 잡는 것이 좋다. 이때 손으로 잡고 있는 지점이 작품 완성 후 끈으로 묶는 위치가 되는데, 이를 바인딩 포인트(binding point)라고 한다. 따라서 꽃을 추가해 나갈 때 계속해서 잡은 위치가 바뀌지 않도록 주의해야 한다. 완성된 꽃다발을 기준으로 위쪽의 꽃 부분에서 손까지, 그리고 손에서 줄기 끝까지의 비율이 1:1이 되는 것이 가장 적당하므로 이를 참고해 바인딩 포인트를 정할 것.

   tip 스파이럴 기법으로 꽃다발을 만들 경우, 오른손잡이를 기준으로 왼손에 꽃을 잡고 오른손으로 다음 꽃들을 추가할 때 추가할 꽃은 꽃 부분이 왼쪽 위, 줄기가 오른쪽 아래를 향하도록 사선으로 기울여야 한다. 방향을 반대로 할 경우 기다란 줄기가 자신을 향하게 되므로 불편하기 때문이다.

2. 델피니움처럼 긴 꽃은 스스로 중심을 잡기 어렵다. 이런 경우, 꽃들을 받쳐 주고 고정하는 역할로 그린 소재를 추가한다. 이 작품에서는 영춘화를 사용했다. 길고 힘 없는 델피니움을 받쳐 주는 동시에 꽃 주변으로 초록 이파리가 알맞게 어우러져 자연스러운 분위기를 연출해 준다. 영춘화 3~5대 정도를 넣으면 델피니움이 흔들리지 않도록 고정해 주기에 충분하다.

3. 다음으로 수국을 추가한다. 수국은 꽃송이가 크므로 델피니움보다 아래쪽에 위치하도록 배치해야 안정감 있다. 또한 수국처럼 부피감 있는 꽃은 하나만 넣을 경우 전체적인 균형이 깨지고 한쪽으로 쏠릴 수 있으므로 적어도 두 대 이상을 앞뒤 또는 좌우로 넣어 균형을 맞추는 것이 좋다. 수국의 크기가 작다면 세 대를 삼각 구도로 넣어 중심을 잡아도 좋다.

4. 이번에는 들꽃 느낌의 니겔라를 계속해서 한 방향으로 돌려 가며 사선으로 추가한다. 니겔라는 눈에 띄는 꽃이 아니므로 델피니움과 수국 사이사이 빈 공간을 위주로 그루핑 하는 것이 좋다.
   *그루핑(Grouping)에 대한 설명은 52~54쪽 참고

5. 네프로네피스와 같은 양치류를 넣으면 더욱 산뜻한 느낌으로 연출할 수 있다. 같은 그린 소재이지만 생김새와 질감에서 영춘화와 차이를 두어 다채로운 이미지로 표현한다. 영춘화 주변으로 몇 대 추가해 보자.

6. 마지막으로 페니쿰을 추가한다. 페니쿰은 마치 분수처럼 사방으로 퍼지도록, 바깥쪽으로 늘어지듯 넣는 것이 좋다. 어느 쪽에서도 볼 수 있게 세 대 정도를 빈 공간에 골고루 넣는다. 참고로 꽃꽂이에서는 짝수보다 홀수를 선호하는데, 홀수로 구도를 잡는 것이 안정감을 주기 때문이다.

7. 마지막으로 바인딩 포인트에 마끈을 묶어 마무리한다. 바인딩 포인트부터 줄기 하단의 일부만을 남겨 두고 꼼꼼히 감아 손잡이 부분이 여유 있게 나오도록 완성한다. 자연스러운 분위기를 원할 때 마끈이나 라피아끈을 사용하며, 마끈 대신 공단리본을 사용하면 부케처럼 좀 더 정적이고 세련된 느낌으로 표현할 수 있다.

아네모네, 다정큼나무, 클레마티스 잎가지

Blue: 절제된 감성

정원에서
비현실적 신비로움을 찾다

자연이 선사하는 파란색은 비범하다. 찾아보기 힘들어 희귀하고 그렇기에 더욱 신비로운 느낌이다. 유난히 여름에 생각나는 색이기도 한데, 푸른 꽃을 사용해 시원한 느낌을 연출할 수 있어서일 테다.

꽃 중에서 파란색이 가장 두드러지는 것을 꼽자면 단연 델피니움이다. 기다란 창을 닮은 독특한 모양새와 파란 꽃이 가지고 있는 묘하게 신비로운 분위기 덕에 더욱 사랑받는 꽃이다. 그 외에도 푸른빛을 띤 꽃으로 히아신스와 연청색 물망초, 수국 등이 있다. 여름엔 제주도에서 길가에 핀 파란 수국을 흔히 볼 수 있으며, 여름을 제외하고는 네덜란드에서 수입해 오는 파란 수국이 대체로 상태가 좋은 편이다.

그렇다고 파란색이 여름의 색이라는 것은 물론 아니다. 좀 더 선명한 파랑을 보여 주는 아네모네는 겨울의 이미지와 잘 어울리며, 실제로 겨울부터 이른 봄까지 자주 볼 수 있는 꽃이다. 앞서 언급한 꽃들이 바다를 닮은 시원한 푸른빛이라면 아네모네의 푸른빛은 강렬하고 비현실적으로 아름다운 느낌이다. 차분하고 이성적이면서 신뢰감을 주는 색, 동시에 환상적일 만큼 아름다운 색이 바로 파랑이다.

절제된 우아함, 자연스럽지만 혼란스럽지 않은 단정함, 조용히 드러나는 기품. 이러한 분위기를 풍기는 모든 것에는 공통점이 하나 있는데, 바로 단순하면서도 정교하다는 것이다. 단순함과 정교함을 모두 놓치지 않는 일. 참으로 매력적이다. 이를 꽃꽂이에 접목하자면 '종류는 단순하게, 형태는 정교하게' 정도로 말할 수 있겠다. 절제된 우아함을 표현하고 싶다면 꽃의 종류를 줄여 보자. 오래 보아도 질리지 않는 작품이 나올 것이다.

이 작품은 꽃으로는 오로지 아네모네만을 사용해 감각적으로 디자인했다. 다만, 한 종류의 꽃을 사용할 때는 작품이 지루해지지 않도록 주의해야 한다. 초록색 잎의 라인을 살려 리듬감을 주고, 꽃들의 시선과 높낮이를 저마다 달리하는 것도 좋은 방법이다. 또한 아네모네의 검은 수술과 조화를 이루도록 검은색 열매를 맺은 다정큼나무를 함께 사용해 한층 풍부한 질감으로 표현했다.

파란색은 중성적인 느낌이 강하므로 무거운 분위기를 피하고 싶다면 밝은색 화기를 선택하자. 반면 어두운 화기를 사용한다면 엄숙하고 점잖은 분위기에 잘 어울린다.

LA FLEUR

• BLUE

120...121

LAFLEUR

PURPLE

Pomander (Flower Ball)

보랏빛 수국으로 만든
화동부케,
포맨더

PURPLISH HYDRANGEA & AGERATUM

FLOWERS
수국 3대
아게라툼 1단
클레마티스 잎가지 1줄기

TOOLS
18번 와이어, 니퍼,
구 오아시스, 리본, 꽃가위,
스프레이 접착제

TIP
클레마티스는 꽃뿐만 아니라 잎가지를 따로 판매한다.
이 작품에서는 꽃이 아니라 잎가지가 필요하므로
잎가지를 구매하자.

● PURPLE

1. 18번 와이어를 간격이 좁은 'U' 자 형태로 구부린다.
2. 구 형태의 플로랄폼 윗면 정중앙에 구부린 와이어를 꽂아 수직으로 관통시킨다.
3. 플로랄폼 위아래로 와이어가 약 1cm씩 보이도록 남겨 두고 나머지는 니퍼로 잘라 낸다. 그 후 위쪽으로 보이는 고리 형태의 와이어 부분에는 손으로 잡거나 어딘가에 매달 수 있도록 적당한 길이로 리본을 연결하고, 와이어를 위로 잡아당기더라도 빠지지 않도록 아래쪽에 튀어나온 와이어 부분에는 각각 작게 자른 줄기를 하나씩 꽂는다.
4. 수국의 꽃송이를 조금씩 잘라 준비한다. 꽃이 달려 있는 줄기를 약 5cm 정도 여유 있게 잘라 플로랄폼의 위쪽부터 꽂아 나간다. 이때 줄기를 플로랄폼 안쪽으로 끝까지 넣지 않고 약 2cm 정도만 꽂아야 한다.

LA FLEUR

● PURPLE

5. 계속해서 꽃이 구의 형태를 예쁘게 이루도록 주의하며 상하좌우에 일정한 길이로 꽂는다.

6. 같은 방법으로 앞쪽과 뒤쪽에도 수국을 꽂는다. 앞서 꽂은 꽃들이 빠지지 않도록 조심하며 꽂아 나간다.

7. 다음으로 수국 사이사이의 빈 공간에 비슷한 길이로 자른 아게라툼을 꽂는다. 띄엄띄엄 꽂을 경우 수국이 가려 눈에 띄지 않을 수 있으므로 좀 더 리듬감을 주고 싶다면 길이를 1~2cm 정도 다르게 잘라 한곳에 그루핑을 해 주어도 좋다.

   • 그루핑(Grouping)에 대한 설명은 52~54쪽 참고

8. 아래쪽에 꽃을 꽂은 가급적 줄기가 곧고 힘 있는 것으로 선택해야 좋다. 꽃이 떨어지지 않도록 각별히 주의해 꽂아 보자.

9. 계속해서 아게라툼을 빈 공간에 골고루 꽂아 어느 쪽에서 보아도 균일한 모양이 되도록 마무리한다.

10. 꽃을 다 꽂은 후에는 그래도 남아 있는 빈 공간에 클레마티스 잎가지를 꽂는다. 빈 공간을 가리는 동시에 작품에 생기를 더해 준다.

11. 꽃꽂이를 확실히 고정하기 위해 스프레이 타입의 접착제를 꽃 안쪽의 플로랄폼에 골고루 분사한다.

장미, 리시안셔스, 후추, 잎안개

Purple: 고급 취향

쉽지 않은 색일수록 본질에 충실할 것

오묘한 분위기의 보라색은 예술가들이 사랑하는 색으로 알려져 있다. 오래전에는 왕실과 귀족이 선호했던 색이기도 하다. 기품 있고 화려하면서도 묘하게 고독하고 은밀한 느낌, 신비로운 분위기까지 담고 있는 이 색은 여전히 대중적인 색으로 꼽히지는 않는다. 꽃꽂이에서도 보라색은 쉽지 않은 색이다. 그렇기에 보라색 자체의 특성에 더욱 주목해야 한다.

보라색은 빨강과 파랑의 중간색이다. 그러므로 보라색은 따뜻한 느낌을 주는 난색 계열과도, 차가운 느낌을 주는 한색 계열과도 두루 잘 어울린다. 사실 보라색 자체도 좀 더 붉은빛을 띠는 것과 좀 더 푸른빛에 가까운 것으로 구분된다. 따라서 같은 계열의 색으로 조합했을 때 전체적인 색의 조화가 한층 안정적으로 느껴진다. 보라색은 붉은색과 조화를 이루면 화려하고 감각적인 분위기를 연출할 수 있으며, 푸른색 위주로 디자인할 경우 좀 더 차분하면서도 품격 있는 분위기를 나타낼 수 있다. 이렇듯 보라색 꽃을 디자인할 때에는 작품의 의도와 원하는 분위기에 맞추어 함께 장식할 꽃이나 화기의 색에 조금 더 신경을 기울여야 한다.

왼쪽의 작품을 보자. 농밀한 색감의 보랏빛 보야주 리시안서스를 중심으로 꽃의 톤에 차이를 두어 지루하지 않고 우아한 느낌으로 표현했다. 보라색 꽃은 색이 담고 있는 이미지대로 고급스러운 분위기를 표현하기에 아주 좋으며, 이 경우에는 굽이 있는 화기와 특히 잘 어울린다.

꽃꽂이에서 화기와 꽃 부분의 알맞은 비율은 작품의 콘셉트와 분위기, 화기의 크기와 형태에 따라 매번 달라진다. 그렇기에 화기에 맞춰 꽃 디자인의 윤곽을 잡는 과정은 초보자가 가장 어려워하는 부분이기도 하다. 대략 한 뼘 정도의 높이, 그러니까 약 20cm 길이의 화기를 사용할 때 꽃과 화기의 높이가 1:1 비율이면 적당하다. 만약 화기가 한 뼘보다 짧다면 화기보다 1.5배 높은 길이로 꽃을 디자인하는 것이 좋으며, 반대로 화기가 한 뼘 이상일 경우에는 꽃을 화기보다 1.5배 짧게 디자인하는 것이 좋다. 물론 절대적인 기준은 아니니 참고만 할 것.

또한 굽이 있는 화기를 사용할 경우에는 화기의 바닥 부분부터 꽃이 있는 부분까지가 자칫 허전해 보일 수 있다. 그렇기에 화기와 조화롭게 연결되는 느낌으로 줄기가 유연하고 선이 긴 종류의 소재를 선택하는 것이 효율적이다.

LA FLEUR

● PURPLE

LAFLEUR

LAVENDER

Flower Hat

LA FLEUR

• LAVENDER

연보랏빛 소녀감성,
리시안셔스와 라벤더를 꽂은
플라워 햇

LISIANTHUS,
SCABIOSA
AND LAVENDER

FLOWERS

리시안셔스 2~3대
수국 1송이
스카비오사 2~3대
클레마티스 3대
라벤더 4~5대
에린지움 2~3대
유칼립투스 폴리안 2~3대

TOOLS

챙모자, 미니 데코 플로랄폼, 꽃가위

TIP

이 작품에서 수국은 한 가지 색으로 채도가 높은 것보다 오묘하게 여러 색이 어우러진 듯한 빈티지 색감으로 고르는 것이 좋다. 다른 소재들과 색을 자연스럽게 연결할 수 있기 때문. 또 유칼립투스 폴리안은 잎이 말라서 안쪽으로 말려 있지 않은, 평평한 상태로 빳빳하게 힘 있는 것으로 고르자.

● LAVENDER

1. 반구 형태의 작은 플로랄폼에 물을 묻힌다. 이때 뒤쪽의 접착제 부분에는 물이 닿지 않도록 주의한다.
2. 접착제 부분의 스티커를 제거한다.
3. 모자의 챙과 크라운 사이, 원하는 위치에 플로랄폼을 붙인다. 모자를 착용했을 때 꽃 장식이 측면에 오도록 위치를 잡는다.

4. 가장 먼저 유칼립투스 폴리안으로 전체적인 틀을 잡는다. 먼저 플로랄폼 양쪽으로 하나씩, 한쪽은 길게 다른 한쪽은 조금 짧게 길이를 달리하여 모자챙과 맞닿도록 눕혀서 꽂는다. 길게 꽂을 유칼립투스의 길이는 모자 지름의 절반 정도가 적당하며, 짧게 꽂을 유칼립투스는 그 절반이면 된다.

4-1. 그다음, 앞서 짧게 꽂은 유칼립투스와 비슷하거나 좀 더 짧은 길이로 이번에는 살짝 세워서 입체감 있게 꽂는다. 양쪽으로 한두 개씩 추가해 보자.

5. 다음으로 짧게 자른 리시안셔스 세 송이를 플로랄폼 중앙에 삼각형 구도로 균형을 이루도록 꽂아 나간다. 이때 꽃의 시선이 살짝 아래로 향하도록 꽂는 것이 좋다. 모자를 착용했을 때 꽃이 잘 보이도록 사방으로 골고루 배치한다.

● LAVENDER

6. 삼각형 구도로 모두 꽂은 후에는 한 송이 정도를 측면으로 길게 추가한다. 길게 꽂은 유칼립투스 방향으로 리시안셔스도 한 송이 길게 꽂아 연결감을 더해 보자. 그린 소재와 꽃이 동떨어져 보이지 않도록 여백을 줄여 주는 효과가 있다.

7. 이번에는 생김새와 질감이 전혀 다른 에린지움을 꽂아 보자. 리시안셔스 주변으로 리시안셔스보다 조금 길게 꽂는다.

8. 리시안셔스와 에린지움 사이의 빈 공간에 작게 잘라 낸 수국을 하나 꽂는다. 이처럼 빈 공간을 채울 때는 꽃의 길이를 되도록 짧게 잘라 플로랄폼의 남은 공간을 메우는 것이 좋다. 연보라색 꽃들 사이에 빈티지한 분홍빛 수국이 들어가면서 색감에 변화를 주고 단조로운 느낌을 없애 준다.

9. 이번에는 라벤더를 꽂아 선의 형태를 추가한다. 마찬가지로 길게 꽂은 유칼립투스 방향으로 길이가 긴 라벤더를 눕혀서 꽂고, 중앙에는 짧은 길이로 세워서 꽂는다. 라벤더의 라인이 들어가면서 작품에 리듬감이 살아난다. 다만, 직선 형태의 라벤더는 너무 길게 꽂을 경우 딱딱하고 차가운 느낌을 줄 수 있으므로 주의할 것.

10. 가장 눈에 띄는 위치에 포인트 역할을 해 줄 스카비오사를 꽂는다. 작품에서 포인트가 되는 소재는 작업 후반에 넣어야 효과적으로 포인트가 될 위치를 잡을 수 있다.

11. 이 작품의 주된 컬러는 연보라지만, 마지막으로 색감을 조금 달리해 지루하지 않은 느낌으로 마무리한다. 연보랏빛과 잘 어울리는 연한 핑크색 클레마티스를 양쪽에 하나씩 꽂는다. 이로써 작품에 한층 생기가 돌며, 클레마티스가 작품의 하이라이트 역할을 한다.

    tip 클레마티스는 넝쿨성 식물이므로 작품에서 다른 꽃들을 감고 흐르듯 꽂아 소재의 자연적 특성을 나타내는 것도 좋다.

라벤더, 클레마티스, 수국

Lavender: 유연한 포용력

평범한 어느 하루의 꽃 선물

강렬한 원색에 비해 확고한 이미지나 전달력을 가지고 있지는 않지만 은은한 매력으로 시선을 이끄는 색이다. 자기주장을 내세우기보다 주변을 감싸 안을 줄 아는, 한마디로 포용력 있는 색이랄까.

우리는 색을 볼 때에도 고정관념에 사로잡힌다. 오랫동안 학습되어 온 성차별적 견해 중에서도 대표적인 것, 바로 '여자는 핑크, 남자는 파랑'이라는 생각이다. 돌상이나 백일상 의뢰를 받다 보면 모두가 입이라도 맞춘 듯 획일화된 색을 원한다. 심지어 나조차도 클라이언트에게 묻는 첫 번째 질문이 아이의 성별이다. "여자아이인가요, 남자아이인가요?" 여자아이의 잔칫상 주변에는 핑크색 소품이 가득하고, 남자아이의 잔칫상 주변은 온통 하늘색이다. 그런데, 이 지긋지긋한 양자택일의 전통에서 벗어나 성별을 따지지 않고 모두 사용할 수 있는 색이 바로 연보라색이다. 어떤 느낌으로 표현해도 어색하지 않다.

유럽처럼 일상적으로 꽃을 주고받는 문화가 자리 잡히진 않았지만, 특별하지 않은 그저 평범한 어느 하루, 그냥 누군가에게 몇 송이 건네고 싶다면 연보랏빛 꽃이 최선이다.

연보라색 꽃은 특별한 장식 없이도 수수하게 빛난다. 심플한 화기에 그저 라벤더 한 다발만 꽂아 두어도 공간에 은은한 빛이 감도는 느낌이다. 꽃 꽂이를 할 때 꽃의 배치나 구도, 형태 등을 완벽히 디자인하려는 노력이 버겁게 느껴질 때가 있다. 그럴 땐 잠시 복잡한 생각을 내려놓자. 너무 많은 공식들이 도리어 자연이 선물한 우연의 아름다움을 감추기도 한다.

사진에서 보이듯 꽃을 한두 종류만 준비해 화기 몇 개에 나누어 꽂아 보는 것이다. 단, 서로 섞지 말 것. 각각의 꽃이 지닌 저마다의 아름다움으로 충분하다. 밋밋해 보일 거란 걱정이 든다면 화기의 형태와 개수를 늘리자. 화기 하나에 여러 종류의 꽃을 조합하는 것이 지겹다면 아주 좋은 해결책이 될 것이다. 꽃의 종류는 줄이되 여러 화기에 나누어 다양한 연출을 시도해 보는 것, 때로는 이렇게 단순한 방법이 의외로 새롭게 다가오는 법이다. 준비한 꽃이 연보랏빛이라면 더할 나위 없다. 그 꽃만의 아름다움을 또렷이 표현해 보자.

핑크 콜라보, 작약과
장미가 어우러진 화관

PINK PINK
PEONY & ROSE

FLOWERS

작약 3송이
치어걸 스프레이 장미 3~4대
자스민 1줄기

TOOLS

18번 와이어, 플로랄테이프, 니퍼, 꽃가위

TIP

꽃을 짧게 잘라 사용할 것이므로 장미는 스프레이
타입으로 선택하는 것이 가성비 면에서 효율적이다.
스프레이 장미는 한 대에 다양한 형태의 꽃이
달려 있어 작품 디자인 시 필요에 따라
꽃의 모양을 골라서 사용할 수 있기 때문이다.
한마디로 선택의 폭이 넓다.

● PINK

1. 18번 와이어를 준비한다. 잘라 낸 와이어 전체를 플로랄 테이프로 꼼꼼히 감는다.

   tip 화관에 사용할 꽃의 양과 무게에 따라 18번 와이어 하나로는 부족할 경우 두세 개를 더해서 보강한다.

2. 머리둘레에 맞춰 양쪽을 구부려 원형으로 만든다.

3. 불필요한 부분은 니퍼로 잘라 낸다.

4. 펜치를 사용해 양쪽 끝부분을 안쪽으로 구부린다. 한쪽은 'U' 자 형태로, 다른 한쪽은 끝부분이 열려 있지 않도록 완전히 오므린다.

5. 완전히 오므린 쪽은 플로랄테이프로 감아 이음매의 틈새를 없앤다. 완성한 화관을 머리에 씌웠을 때 머리카락이 끼지 않도록 꼼꼼히 감아야 한다. 화관의 고리 부분이 완성되었다.

6. 와이어의 한쪽 끝부분부터 자스민 줄기를 붙여 나간다. 먼저 시작점에 자스민을 대고 플로랄테이프로 감아 단단히 고정한다.

7. 자스민은 줄기가 유연하고 잎이 작아 화관 전체에 가볍게 두를 수 있다. 와이어의 앞뒤로 자스민을 교차시키며 전체적으로 휘감은 후 끝부분에도 플로랄테이프를 붙여 고정한다.

8. 본격적으로 꽃을 붙여 나간다. 화관을 만들 때는 중심이 되는 큰 꽃부터 먼저 부착하는 것이 좋다. 꽃송이가 큰 작약을 와이어 중간중간, 원하는 위치에 붙인다. 줄기를 3~5cm 내외로 짧게 잘라 플로랄테이프로 고정한다.

● PINK

9. 작약을 다 붙인 후에는 사이사이 비어 보이는 곳에 같은 방법으로 장미를 추가한다. 이때, 꽃의 컬러는 전부 핑크지만 조금씩 다른 톤으로 선택하면 작품의 완성도가 더욱 높아진다. 꽃송이의 크기가 조금씩 다른 것도 좋다. 크기와 톤이 조금씩 다른 꽃들을 조화롭게 배치해 보자.

9-1. 화관은 만드는 과정에서 보는 모습과 머리에 착용했을 때의 느낌이 다를 수 있으므로 중간중간 착용한 모습을 거울로 확인하며 작업해 나가는 것이 좋다.

장미, 코스모스, 아스그레피어스

Pink: 찰나의

아름다운 것들은 늘 잠깐이라서

고대 그리스 신화에서, 신은 인간의 삶이 한정적이라는 이유로 인간을 질투한다. 영원하지 않기에 더욱 아름다운 것. 만약 영원히 언제라도 볼 수 있다면 그것이 무엇이든 과연 아름답게 보일까. 아름답다는 단어는 사실 아련한 감정을 동반하는 의미가 아닐까.

사계절 중 가장 짧게 느껴지는 계절은 봄인 듯싶다. 짧지만 아름다운 계절, 겨우내 움츠려 있던 만물이 다시 생기를 띠고 달콤한 마음으로 사랑스럽게 피어나는 이 계절을 떠올리면 왠지 핑크빛이 함께 어른거린다. 마치 우리가 사랑했던 어느 시절을 떠올렸을 때 머릿속의 모든 화면이 핑크빛이듯이. 짧지만 아름다운 것은 계절뿐만이 아니다. 봄꽃은 유난히 빨리 지는 터라 더 애틋한 마음이 든다. 바람에 흩날려 어느새 사라지는 벚꽃도, 튤립이나 히아신스, 수선화도 아름답게 피어 있는 시기가 그리 길지 않다. 그래서인지 더욱 아름답게 느껴지는 것이다.

봄을 닮은 핑크는 플라워샵에서 가장 인기 있는 색이기도 하다. 핑크빛 꽃다발은 수줍은 고백을 담고 있는 듯 늘 예쁘다. 마치 아름다움을 대표하는 색인 것처럼, 핑크는 아마도 영원히 사랑받는 색일 것이다.

부드러운 핑크 계열의 꽃과 창백한 회색빛 화기의 조합은 상당히 클래식한 분위기를 연출해 낸다. 마치 영국의 정원을 떠올리게 하는 것이다. 이 작품 역시 고전적인 정물화의 이미지를 담고 있다.

오래 보아도 질리지 않는 클래식 고유의 느낌을 꽃꽂이에 담아내고 싶다면 꽃의 색, 화기와의 조합은 물론 '질감 표현'에 주의해야 한다. 다양한 디자인 분야에서 공통되는 주제가 바로 색과 형태, 구성, 그리고 질감이다. 특히나 꽃꽂이에서는 색과 질감의 대조가 중요한데, '매끄러운 질감과 거친 질감의 꽃의 대조'나 '부피감 있는 꽃과 평면적 느낌의 꽃의 대조'가 대표적이다. 이 작품에서는 부피감 있는 웨딩로즈를 중심으로 그 사이사이에 꽃잎이 촘촘해 꽉 짜인 듯한 리리카장미를 배치해 질감에 차이를 주고 완성도를 높인 모습이다.

핑크는 톤의 미묘한 차이로 베이비핑크, 셸핑크, 로즈핑크 등으로 구분된다. 이러한 부드러운 핑크 계열은 흰색 계열의 꽃이나 화기와 어우러지면 봄처럼 산뜻하고 사랑스러운 분위기로 연출된다. 한편 연한 회색이나 톤이 낮은 연보라색의 꽃(라벤더, 라일락 등) 또는 화기와 조합하면 좀 더 온화하고 분위기 있는 작품으로 완성할 수 있다.

가을 색 담아,
갈잎과 글라디올러스
센터피스

FALLEN LEAVES, ROSE & GLADIOLUS

FLOWERS

갈잎(백동백나무) 1단
글라디올러스 2~3대
장미 6~7송이
아마란스 2~3대
하이페리쿰 3~4대
스모그트리 2~4대

TOOLS

화기, 플로랄폼, 플로랄폼 나이프,
방수테이프, 꽃가위

TIP

가을에 꽃시장에서 만나 볼 수 있는 갈잎은
대부분 백동백나무다. 갈잎은 다양한 빛깔로 자연스럽게 물든
것이 좋으며, 가지에 잎이 많이 달린 것보다는 잎이 적더라도
선의 형태를 강조할 수 있을 만한 것으로 선택하는 편이
작품 디자인에 유용하다.

LA FLEUR

● VINTAGE BROWN

1. 화기 사이즈에 맞춰 플로랄폼을 준비한다.

2. 나이프를 이용해 플로랄폼의 각진 네 면을 사선으로 깎아 낸다. 화기 안에 들어갈 정도로 다듬으면 되는데, 다만 플로랄폼이 화기 위쪽으로 3~5cm 정도 더 높도록 재단해야 한다. 아래쪽을 향하는 소재를 비스듬히 꽂기 위한 면적이 필요하기 때문이다.

2-1. 다듬은 플로랄폼을 화기 안에 넣고, 흔들리지 않도록 방수테이프를 붙여 고정한다.

3. 가장 먼저 절지류 소재인 갈잎을 화기 높이보다 1.5~2배 이상 긴 길이로 꽂아 기본적인 라인을 잡는다.
4. 길게 꽂은 갈잎 반대편에는 반 정도의 길이로 자른 갈잎을 추가한다. 이때 갈잎이 화기의 끝부분과 맞닿도록 수평으로 꽂아 보자.
5. 비슷한 길이로 작품의 정중앙에 수직으로 갈잎을 하나 꽂은 후 이 길이보다 반 정도 더 짧게 갈잎을 잘라 정면을 향해서도 수평으로 추가한다. 이제껏 꽂은 갈잎의 사이사이를 조금씩 더 채우거나 양감을 조절해 가며 갈잎으로 작품의 전체적인 틀을 잡는다.

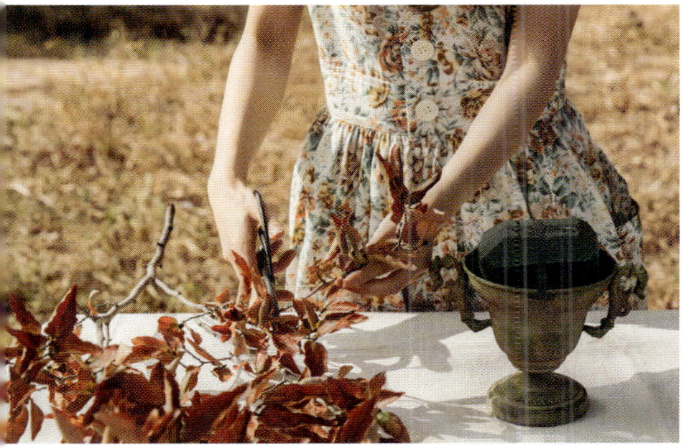
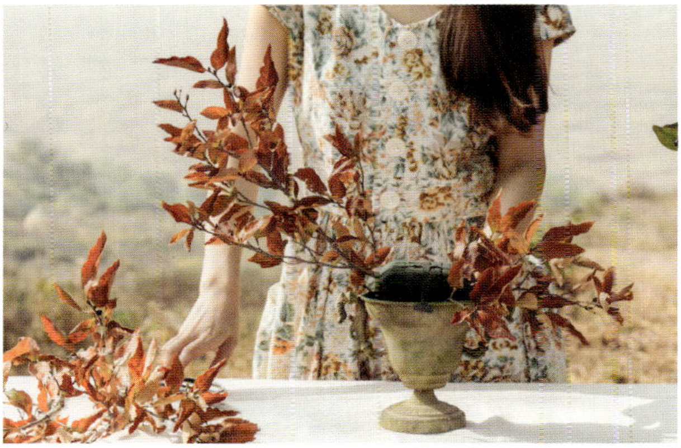
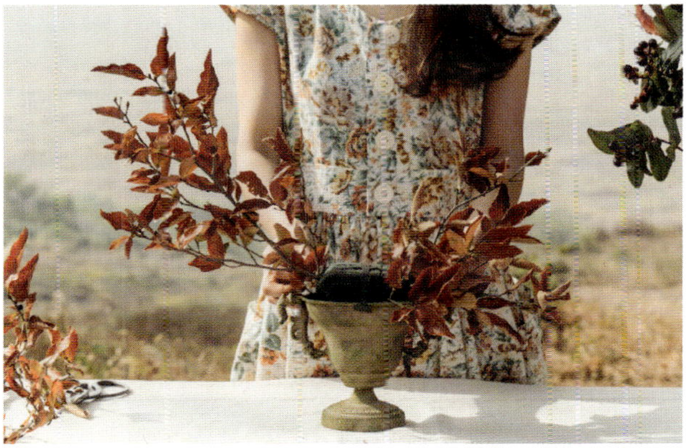
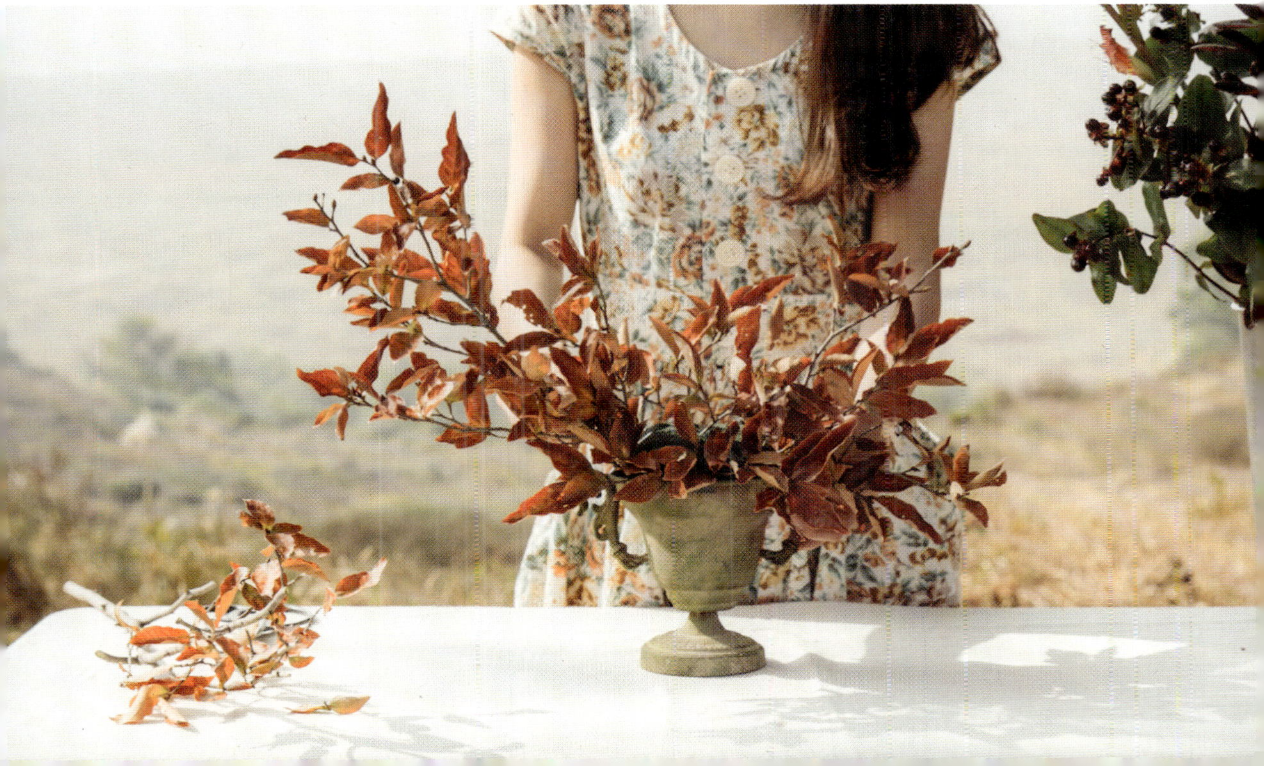

6. 다음으로 갈잎 안쪽에 글라디올러스를 꽂는다. 글라디올러스 역시 라인이 강조되는 꽃으로, 작품에 좀 더 명확한 윤곽선을 부여한다.

7. 작품의 기본적인 골격에서 벗어나지 않도록 주의하며 장미를 중앙에 가깝게 꽂는다. 시선이 가장 집중되는 부분, 즉 포컬포인트에 꽂는 대신 꽃송이가 정면이 아니라 살짝 측면을 향하게 꽂는 것이 좋다.

tip 포컬포인트(focal point)는 작품에서 가장 중심이 되는 꽃, 말하자면 주인공 역할의 꽃을 꽂는 정중앙의 위치를 의미한다. 작품의 첫인상을 좌우하는 만큼 포컬포인트의 꽃을 선정하고 해당 꽃의 시선을 결정하는 일은 매우 중요하다. 포컬포인트의 꽃이 정면을 향하면 답답해 보이거나 부담스러운 느낌이 들 수 있으니 주의할 것.

8. 계속해서 중앙으로 그루핑 하며 장미를 꽂아 나간다. 그루핑 시 가장 신경 쓸 부분은 입체감을 살리는 것이다. 꽃의 길이와 방향이 제각각 다르도록 꽂아 보자.

• 그루핑(Grouping)에 대한 설명은 52~54쪽 참고

9. 색에 깊이를 더하기 위해 앞서 사용한 소재들보다 더 짙고 강한 색감의 스모그트리를 넣는다. 스모그트리처럼 눈에 잘 띄는 소재는 너무 직선적으로 배치하거나 한쪽에만 치우쳐 꽂지 않도록 주의한다. 또한 대칭을 이루도록 꽂아서도 안 된다. 균형이 중요하다.

10. 이번에는 작품의 좌우에 아마란스를 아래로 늘어뜨려 꽂는다.

11. 자연스러운 분위기를 연출해 주는 소재로 열매 종류를 빼놓을 수 없다. 하이페리쿰을 작품 정면의 양옆에 짧게 혹은 아래로 흐르는 형태로 추가한다. 열매나 곡물 소재는 익을수록 고개를 숙이는 자연의 법칙을 작품에도 그대로 접목해 디자인하는 것이 가장 좋다.

백일홍, 루드베키아, 스카비오사 옥스포드, 하이페리쿰, 위성류, 아스틸베, 호랑이눈, 휴케라, 스카비오사 시드박스, 향등골, 꽃사과

Vintage brown: 오래되어 소중한

품격 있고 매너 좋은 신사,
고상한 여성에 비유하고 싶다

가을과 가장 닮은 색. 깊이 있고, 많은 이야기를 담고 있는 듯한 색. 그러나 꽃집을 방문하는 손님들이 가장 선호하지 않는 색. 빈티지한 갈색이다. 자칫 시든 것처럼 보일 수 있고, 대부분 꽃 하면 밝고 선명한 이미지를 떠올리기 때문에 익숙하지 않다는 이유도 있을 것이다. 하지만 여기서 잠깐, 관점을 바꿔 볼까? 여기저기 화려한 색을 뿜어내는 꽃들 가운데 유난히 바랜 듯한 색감의 꽃이 주는 오묘한 느낌을 편견 없이 바라보자. 차분하고 편안한 기분이 든다. 세월을 지나오며 자신만의 취향을 확고히 갖춘 중년 여성을 보는 느낌이랄까. 억지스럽지 않은 아름다움이다.

노란색, 붉은색과 같이 강렬한 존재감을 자랑하는 색도 시간이 지나면 퇴색하여 결국엔 빛바랜 갈색으로 변한다. 그렇기에 빈티지한 색감의 꽃은 수많은 시간과 그만큼 다양한 이야기를 가지고 있다. 앤티크한 분위기를 연출해 주며, 한편으로는 정감 있고 오랫동안 보아도 질리지 않는 힘을 가진 색이다.

빈티지한 갈색 꽃은 열매류와 찰떡같이 어울린다. 앞서 연습해 보았듯 자연스러운 분위기를 원한다면 빈티지 브라운 소재와 열매를 조합해 보자. 이 작품에서도 굽이 있는 화기를 사용했는데, 이때 꽃이 아래로 향하도록 꽂기 위해서는 — 잘 휘어지는 소재가 아닌 이상 — 플로랄폼을 활용해야 한다. 화기보다 좀 더 높게, 3~5cm 정도가 바깥으로 드러나도록 플로랄폼을 화기에 넣고 꽃을 장식해 나간다. 화기보다 높은 플로랄폼이 아래로 향하는 꽃들의 지지 기반이 되어 주므로 다양한 방향으로 자유롭게 디자인할 수 있다.

형태 측면에서는 좌우 비대칭을 강조하고 라인을 살리는 것으로 포인트를 준 모습이다. 마치 바람에 몸을 맡긴 꽃이 춤을 추는 듯하다. 또한 가을 색감의 꽃 여러 종류를 섞어 조화를 이루었으며, 다양한 질감으로 시각적 효과를 나타냈다. 이러한 센터피스는 대체로 앞면 위주로 디자인하며, 사방화와 달리 꽃꽂이 순서나 형태가 일률적으로 정해져 있지 않기에 매력적이다. 정해진 틀이 없어 어렵지만 자유롭게 디자인할 수 있기에 재밌다.

수국과 미니장미,
아미초를 담은 순백의
새장 꽃꽂이

PURE WHITE HYDRANGEA & ROSE

FLOWERS
수국 1대
미니장미 4대
아미초 3대
아스그레피어스 3대
냉이 1~2대

TOOLS
철제 버드케이지, 구 오아시스,
방수테이프, 핀홀더, 꽃가위

TIP
꽃시장에서는 꽃이 피기 전의 아스그레피어스를
쉽게 찾을 수 있다. 동글동글 열매처럼 보이는
그 상태 그대로 작품에서 사용하면 된다.
수국은 콜롬비아에서 수입한 것이 상대적으로
수명이 긴 편이니 구매 시 참고할 것.

1. 구 형태의 플로랄폼을 준비한다. 플로랄폼 전체를 충분히 담글 수 있을 정도로 물을 부은 용기에 플로랄폼을 넣어 완전히 물을 흡수할 때까지 기다린다.
2. 플로랄폼을 케이지의 바닥에 고정하기 위해 핀홀더를 사용한다. 핀홀더에 방수테이프를 십자로 길게 붙인 후 케이지 바닥 중앙에 대고 테이프를 감아 단단히 부착한다.
3. 물을 충분히 흡수한 플로랄폼을 케이지 바닥의 핀홀더에 꽂는다.

4. 가장 먼저, 손이 들어가기 애매한 케이지 바닥 쪽부터 수국을 꽂아 나간다. 수국은 꽃잎이 부드럽고 다른 꽃들에 비해 꽃잎이 잘 떨어지거나 쉽게 상처 나지 않는 편이므로 철제 케이지에 스치며 안팎을 통과하기에 적합한 꽃이다. 케이지 안쪽과 바깥쪽에 수국이 고루 분포되어 깊이가 느껴지도록, 짧게 자른 것과 길게 자른 것을 적절히 섞어 가며 꽂는다.

5. 다음으로 장미를 추가한다. 마찬가지로 케이지 안팎에 고루 위치하도록 수국 사이사이의 빈 공간에 다양한 길이로 꽂는다. 케이지 뚜껑을 닫았을 때 꽃이 눌리지 않도록 주의할 것.

6. 수국과 장미 사이사이의 빈 공간에 아스그레피어스를 추가한다. 이처럼 꽃송이가 큰 꽃들 사이에 필러 플라워 소재를 넣으면 리듬감이 표현되며, 자연스러운 분위기를 연출할 수 있다.

7. 앞에서는 면을 채우는 역할의 소재들을 꽂았다. 이번에는 그린 컬러를 강조하고 라인을 살리는 소재, 냉이를 추가해 보자. 냉이의 곧고 길게 뻗은 직선적 형태가 경쾌하고 리드미컬한 분위기를 연출해 준다. 다만, 이런 직선적 형태의 소재는 여러 곳에 한 가닥씩 길게 꽂을 경우 자칫 산만해 보일 수 있으므로 주의해야 한다. 또한 이 작품의 전체적인 분위기, 즉 아기자기하고 포근한 느낌과 상충할 수 있으니 포인트를 주기 위한 한두 개를 제외하고서는 너무 길지 않게 꽂는다.

8. 끝으로 밋밋해 보이는 곳에 아미초를 몇 개 꽂아 마무리한다. 케이지 위쪽으로도 튀어나오도록 뚜껑을 닫은 후 마지막 하나를 꽂으면 완성.

리시안셔스, 화이트벨, 여름라일락

White: 실패 없는

빛이 있는 곳에서 가장 우아한,
흰색은 언제나 순수하고도 솔직한 컬러다

깨끗하고 평화로운 느낌의 흰색은 초록색과 잘 어울린다. 흰색과 초록색은 오래전부터 사랑받아 온 조합으로, 어떠한 상황과 장스에서도 조화롭게 어울린다. 한마디로 실패할 확률이 적은 색 조합. 꽃꽂이는 물론이고 패션과 인테리어 등에서도 흰색의 비중이 지나치게 클 때 나타나는 공허하고 지루한 느낌을 초록색이 잡아 준다. 새하얀 공간에서 초록색 식물 하나가 얼마나 큰 역할을 하는가.

한편 꽃을 다루다 보면 흰색의 양면성을 발견하기도 한다. 무엇이든 담아낼 수 있는 하얀 캔버스처럼 어떤 색의 꽃과도 무난하게 즈화를 이룰 것으로 생각할 수 있지만 사실 그렇지 않다. 흰색 꽃과의 조합이 촌스러운 경우가 있으므로 주의하자. 흰색 꽃은 채도가 그리 높지 않은 컬러와 잘 어울리며, 가장 안전한 방법은 역시 초록색 소재를 사용하는 것이다.

흰색 꽃은 특히나 빛의 영향을 크게 받는다. 사방이 어두컴컴하더라도 자그마한 촛불 하나가 있다면 흰색 꽃은 빛난다. 빛을 받아 더욱 몽환적인 분위기를 연출해 낸다. 자연의 빛 속에서도 흰색 꽃은 가장 아름답고 투명하게 자신을 보여 준다.

강조한 대로 흰색에 초록색은 만고불변의 진리와도 같은 조합. 그렇기에 초보자에게도 자신 있게 이 조합의 꽃꽂이를 추천한다. 자연스러운 느낌을 선호한다면 더더욱 시도해 볼 것.

또한 흰색 우주의 꽃꽂이에서 초록색 소재만큼이나 작품의 지루함을 없애 주는 것이 바로 화기다. 꽃을 디자인하며 무언가 창작해 내는 과정은 마치 요리사의 일과 비슷하다. 보기 좋은 떡이 맛도 좋은 법. 요리에서 플레이팅이 중요하듯, 잘 선택한 화기가 꽃을 더욱 근사하게 만들어 준다. 나만의 화기를 찾고 싶다면 골동품 상점을 자주 다니는 것도 좋은 방법이다.

왼쪽 작품에서 사용한 화기는 파리의 어느 벼룩시장에서 구매한 것이다. 남들과 다른 나만의 작품을 꿈꾸고 있다면 우선 자신이 무엇을 좋아하는지 정확히 파악해야 한다. 이를 알아냈다면 그것을 잘 표현해 줄 소품에도 관심을 두자. 한 번에 이룰 수 없다. 시간을 두고 쌓아 갈 것. 조금씩 모은 모든 것들이 곧 자신이 되며, 잘할 수 있고 잘하고 싶은 무언가로 언젠가는 표현될 것이기에.